Desarrolla tu Plan de Trading Efectivo

Desata tu potencial financiero

Kelly Salmón
Escuela del Trading

Kelly Salmón

Coach Ontológico
Conferencista Internacional
Asesor inmobiliario y Financiero

www.coachkellysalmon.com.ve

Instagram **@traderkellysalmon**

Editorial: **BrandedLives.com**

Diseño editorial: Ysmerio Rodriguez **@ysmerios**

ISBN: 978-1-962388-07-8

CARTA AL LECTOR

¡Hola a todos los entusiastas del trading y las finanzas!

Bienvenidos a este emocionante viaje hacia el mundo del trading efectivo y la inversión inteligente. Estamos encantados de acompañarlos en esta aventura llena de aprendizaje, descubrimiento y, por supuesto, oportunidades financieras.

¿Alguna vez te has preguntado cómo es que ciertos inversores parecen navegar por los mercados con facilidad, mientras que otros luchan por mantenerse a flote? ¡No estás solo! El mundo del trading puede parecer abrumador al principio, pero con la guía adecuada y un enfoque disciplinado, ¡tú también lograrás dominarlo!

En este libro, exploraremos juntos los principios fundamentales que subyacen al trading efectivo. Desde entender tus propios objetivos financieros hasta desarrollar estrategias sólidas y gestionar el riesgo emocionante y, a veces, desconcertante, te guiaremos paso a paso a través del laberinto del trading.

Sin embargo, aquí está la buena noticia: no necesitas ser un genio de las finanzas para tener éxito en el mundo del trading. Lo que realmente requieres es curiosidad, disciplina, dedicación y una mentalidad abierta para aprender y crecer constantemente.

A lo largo de estas páginas, no sólo exploraremos técnicas y estrategias de trading, sino que también nos sumergiremos en la psicología detrás de las operaciones financieras. Porque, como descubrirás, el trading exitoso no solo se trata de analizar gráficos y números, sino también de manejar tus emociones y ¡mantener la calma en medio de la tormenta!

Así que, ¿estás listo para embarcarte en esta alucinante aventura? Prepara tu mente y abre tu corazón a nuevas posibilidades financieras. Estamos entusiasmados de ser tu guía en este viaje hacia el éxito en el mundo del trading.

¡Vamos juntos a descubrir el poder de convertir tus sueños financieros en realidad!

Si en determinado momento sientes duda o deseas aclarar algún concepto, me tienes completamente a la orden como servidora que soy. Puedes ubicarme en mis redes sociales o a través del correo que te dejo aquí:

Mail: escueladeltrading@gmail.com/

Instagram:
@traderkellysalmon / @escueladeltrading

¡Comencemos!

PROLOGO

Es de suma importancia desarrollar un plan de trading efectivo con los operadores financieros. Proporciona una guía estructurada y sistemática para tomar decisiones objetivas y basadas en estrategias, en lugar de decisiones subjetivas impulsadas por las emociones. A continuación, se presentan algunos de los beneficios y la importancia de desarrollar un plan de trading efectivo:

Toma de decisiones objetivas: Un plan de trading efectivo ayuda a los operadores a seleccionar mejores soluciones basadas en estrategias y reglas predefinidas, en lugar de dejarse llevar por las emociones del momento. Esto evita que las decisiones impulsivas y emocionales afecten negativamente las operaciones.

Gestión del riesgo: Un plan de trading efectivo incluye reglas claras sobre gestionar los riesgos. Establece límites de pérdida y niveles de stop-loss para limitar las pérdidas en caso de que una operación no se desarrolle como se esperaba. Esto ayuda a proteger el capital y a mantener un enfoque disciplinado en la gestión del riesgo.

Consistencia en las operaciones: Un plan de trading efectivo proporciona un enfoque consistente para operar en los mercados financieros. Define reglas claras sobre cuándo y cómo entrar y salir de las operaciones, lo que ayuda a evitar operaciones impulsivas o basadas en corazonadas. La consistencia en las operaciones es clave para lograr resultados a largo plazo.

Identificación de oportunidades: Un plan de trading efectivo incluye un análisis y una estrategia de mercado detallados. Esto ayuda a los operadores a identificar oportunidades de trading basadas en indicadores técnicos, análisis fundamental y otros factores relevantes. Al tener un plan bien definido, los operadores pueden aprovechar las oportunidades de manera más efectiva.

Control emocional: El desarrollo de un plan de trading efectivo ayuda a los operadores a mantener el control emocional durante las operaciones. Al tener reglas claras y objetivas, los operadores pueden evitar dejarse llevar por el miedo o la codicia, lo que puede llevar a decisiones irracionales. El control emocional es esencial para el éxito a largo plazo en el trading.

En resumen, desarrollar un plan de trading efectivo es crucial para los operadores financieros. Proporciona una guía estructurada y objetiva para tomar decisiones, gestionar el riesgo y aprovechar las oportunidades de manera más efectiva. Además, ayuda a mantener el control emocional durante las operaciones, lo que es esencial para el éxito a largo plazo en el trading.

ÍNDICE DESCRIPTIVO

Capítulo 1

Entendiendo tus Objetivos y Tolerancia al Riesgo

En este capítulo, exploraremos la importancia de tener objetivos claros en el trading y cómo la tolerancia al riesgo juega un papel crucial en la toma de decisiones. A través de ejercicios prácticos, los lectores aprenderán a definir sus objetivos financieros a corto y largo plazo y evaluarán su disposición para asumir riesgos. También discutiremos la importancia de alinear los objetivos con la tolerancia al riesgo para desarrollar un plan de trading coherente y sostenible.

Capítulo 2

Análisis del Mercado y Selección de Instrumentos

En este capítulo, nos sumergiremos en los diferentes tipos de instrumentos financieros disponibles y cómo los traders pueden seleccionar los más adecuados para sus estrategias. Exploraremos métodos prácticos para analizar el mercado, incluyendo el análisis técnico y fundamental, y discutiremos consideraciones importantes al elegir mercados y activos específicos para operar.

Capítulo 3

Desarrollo de Estrategias de Trading

Aquí, nos enfocaremos en cómo desarrollar estrategias de trading efectivas que se alineen con los objetivos y la tolerancia al riesgo del trader. Exploraremos diferentes enfoques de trading, desde el análisis técnico hasta el análisis fundamental, y discutiremos cómo diseñar y probar estrategias para identificar las condiciones ideales de entrada y salida del mercado.

Capítulo 4

Gestión del Riesgo y Control Emocional

En este capítulo, examinaremos la importancia crítica de la gestión del riesgo en el trading y cómo los traders pueden proteger su capital de manera efectiva. Discutiremos estrategias prácticas para gestionar el riesgo, incluyendo la determinación de tamaños de posición y la utilización de órdenes de stop-loss. También abordaremos el control emocional y cómo mantener la disciplina en situaciones de alta presión.

Capítulo 5

Creación del Plan de Trading

Aquí, integraremos todos los elementos discutidos anteriormente en la creación de un plan de trading completo y efectivo, a fin de cuentas es lo que más nos interesa. Exploraremos la estructura y los componentes clave de un plan de trading, incluyendo objetivos comerciales, estrategias específicas, gestión del riesgo y parámetros de seguimiento. A través de ejemplos prácticos, los lectores aprenderán a personalizar su plan de trading según sus necesidades individuales y preferencias comerciales.

Capítulo 6

Implementación y Seguimiento del Plan de Trading.

Finalmente, nos centraremos en cómo implementar y dar seguimiento al plan de trading en la práctica. Discutiremos pasos específicos para llevar a cabo el plan, incluyendo la ejecución de operaciones, el registro y la revisión de resultados. También exploraremos la importancia del seguimiento y la adaptación continua del plan según el desempeño del mercado y las experiencias del trader.

Esta ampliación de información en los capítulos te proporciona una visión más detallada y práctica de cada aspecto del libro, permitiendo que comprendas completamente el contenido y puedas aplicarlo de manera efectiva en tu propia experiencia de trading.

Recursos Adicionales

—Lista de libros, sitios web y herramientas útiles para profundizar en el tema del trading y la inversión.

Te estamos proporcionando una guía paso a paso para desarrollar tu plan de trading efectivo, desde la definición de objetivos hasta la implementación y seguimiento del plan en la práctica. Cada capítulo aborda aspectos importantes que tu cliente objetivo necesitará entender y aplicar para mejorar su rendimiento en el mercado.

Capítulo 1

Entendiendo tus Objetivos y Tolerancia al Riesgo

Definición de Objetivos Financieros

Antes de sumergirte en el emocionante mundo del trading, es fundamental tener claridad sobre tus objetivos financieros. ¿Qué esperas lograr con tu actividad de trading? ¿Estás buscando generar ingresos adicionales, ahorrar para la jubilación, o tal vez alcanzar la libertad financiera? Tómate el tiempo necesario para reflexionar sobre tus aspiraciones financieras a corto, mediano y largo plazo.

Objetivos a corto plazo: Estos son logros financieros que esperas alcanzar en un plazo relativamente breve, por ejemplo, dentro de un año. Pueden incluir generar un ingreso adicional consistente, pagar deudas o ahorrar para una compra importante.

Para ser un poco más explícitos, aquí te damos algunas ideas que ejemplifican lo que puedes esperar del trading a corto plazo:

En el trading a corto plazo, también suele llamarse "SCALPING", los objetivos se centran en obtener ganancias rápidas aprovechando las fluctuaciones diarias del mercado. A diferencia del trading a largo plazo, donde se busca obtener ganancias a largo plazo, el trading a corto plazo se enfoca en realizar muchas operaciones con una rentabilidad reducida en cada una de ellas. Aquí te mencionamos algunos objetivos comunes a corto plazo en el trading:

Obtener ganancias rápidas: El objetivo principal del trading a corto plazo es obtener ganancias rápidas aprovechando las fluctuaciones diarias del mercado. Los traders buscan realizar operaciones que les permitan obtener beneficios en un corto período de tiempo, usualmente en el mismo día.

Aprovechar tendencias y momentos específicos del mercado: Los traders a corto plazo buscan identificar tendencias y momentos favorables en el mercado para realizar operaciones. Pueden aprovechar las tendencias alcistas o bajistas, así como los momentos de alta volatilidad o noticias importantes que puedan afectar el precio de un activo por relativo corto tiempo.

Minimizar riesgos: Aunque el trading a corto plazo implica realizar muchas operaciones, los traders también buscan minimizar los riesgos. Utilizan técnicas de gestión de riesgos, como establecer stop-loss para limitar las pérdidas en caso de que el precio vaya en contra de sus expectativas.

Mantener disciplina y seguir una estrategia: Para tener éxito en el trading a corto plazo, es importante mantener la disciplina y seguir una estrategia sólida. Los traders establecen reglas claras y siguen su plan de trading para evitar dejarse llevar por las emociones del momento.

Objetivos a Largo Plazo: Estos objetivos están más relacionados con tus aspiraciones financieras a largo plazo, como la jubilación anticipada, la compra de una casa, o la creación de un fondo para emergencias. Te enumeramos algunos ejemplos de lo que puedes esperar del trading a largo plazo, llamado también SWING TRADING.

Objetivos a largo plazo en el trading se refieren a metas financieras que los traders se proponen alcanzar en un período de tiempo extendido, generalmente hasta algunos años. Estos objetivos requieren un enfoque estratégico más detallado y un análisis exhaustivo para obtener rentabilidades mayores a través de pocos movimientos en el tiempo. A continuación, te enumeramos y describimos algunos objetivos a largo plazo en el trading:

Acumulación de capital: Uno de los objetivos a largo plazo en el trading es acumular capital a través de operaciones exitosas. Los traders buscan aumentar su capital inicial mediante la compra y venta de activos financieros y aprovechando las fluctuaciones en los precios a lo largo del tiempo.

Crecimiento constante: Otro objetivo a largo plazo es lograr un crecimiento constante en el capital invertido. Los traders buscan aumentar gradualmente sus ganancias y evitan pérdidas significativas mediante una gestión adecuada del riesgo y una estrategia sólida y bien estructurada.

Diversificación de cartera: La diversificación de la cartera es un objetivo importante para los traders a largo plazo. Buscan distribuir su capital en diferentes activos financieros y mercados para reducir el riesgo y maximizar las oportunidades de ganancias.

Protección contra la inflación: Los traders a largo plazo también buscan proteger su capital contra la inflación. Al invertir en activos financieros que tienen el potencial de superar la tasa de inflación, los traders pueden preservar el valor de su capital a lo largo del tiempo.

Generación de ingresos pasivos: Algunos traders a largo plazo buscan generar ingresos pasivos a través de sus inversiones. Esto implica buscar activos financieros que paguen dividendos o intereses regularmente, lo que proporciona un flujo constante de ingresos sin la necesidad de realizar operaciones frecuentes.

Jubilación anticipada: Para algunos traders, el objetivo a largo plazo puede ser lograr la independencia financiera y la jubilación anticipada. Buscan acumular suficiente capital a través del trading para poder

retirarse antes de la edad tradicional de jubilación y disfrutar de una vida sin preocupaciones financieras.

Es importante tener en cuenta que estos objetivos a largo plazo en el trading requieren un enfoque disciplinado, una gestión adecuada del riesgo y un análisis exhaustivo del mercado. Además, es esencial adaptar los objetivos a las circunstancias y necesidades individuales de cada trader.

Evaluación de la Tolerancia al Riesgo

La tolerancia al riesgo es la cantidad de riesgo que estás dispuesto a asumir al realizar operaciones en el mercado financiero. Es importante comprender tus propios límites de riesgo para evitar situaciones estresantes y tomar decisiones financieras acertadas y con buen pronóstico.

Factores a Considerar: Al evaluar tu tolerancia al riesgo, ten en cuenta factores como tu edad, situación financiera, experiencia previa en inversiones y tu capacidad para recuperarte de pérdidas financieras.

Perfil de Riesgo: Puedes tener un perfil de riesgo conservador, moderado o agresivo. Un inversor conservador prefiere evitar grandes fluctuaciones en el valor de sus inversiones, mientras que un inversor agresivo está dispuesto a asumir mayores riesgos en busca de mayores rendimientos. He aquí una descripción a detalle de cada uno con algunos ejemplos:

1. Perfil de riesgo conservador:

—Este perfil se caracteriza por una aversión al riesgo y una preferencia por la preservación del capital sobre el crecimiento agresivo.

—Ejemplo:

—Un inversor conservador podría optar por una cartera compuesta principalmente por bonos del gobierno de bajo riesgo y acciones de grandes empresas estables y con dividendos sólidos.

—En el mercado de divisas, podría preferir estrategias de carry trade de bajo riesgo, donde se aprovecha la diferencia en las tasas de interés entre dos monedas estables.

—En el mercado de opciones, podría centrarse en estrategias de venta de opciones cubiertas, donde se generan ingresos a través de la prima de la opción mientras se limita el riesgo a la baja.

2. Perfil de riesgo moderado:

—Este perfil busca un equilibrio entre la preservación del capital y la búsqueda de rendimientos razonables, asumiendo un nivel moderado de riesgo.

—Ejemplo:

—Un inversor moderado podría construir una cartera diversificada que incluya una combinación de acciones de empresas establecidas, bonos corporativos de calidad y una asignación modesta a activos más arriesgados como acciones de compañías de crecimiento o fondos indexados de mercado emergente.

—En el mercado de divisas, podría considerar estrategias de trading a corto plazo que aprovechen las tendencias del mercado, utilizando un apalancamiento moderado para aumentar los rendimientos potenciales.

—En el mercado de opciones, podría explorar estrategias como la compra de opciones call y put como cobertura, buscando beneficiarse de movimientos direccionales en el precio del activo subyacente.

3. Perfil de riesgo agresivo:

—Este perfil está dispuesto a asumir un riesgo significativo en busca de rendimientos potencialmente altos, con una aceptación de la volatilidad y pérdidas potenciales más grandes.

—Ejemplo:

—Un inversor agresivo podría concentrarse en acciones de compañías de pequeña capitalización con alto potencial de crecimiento, así como en inversiones en sectores volátiles como tecnología o biotecnología.

—En el mercado de divisas, podría optar por estrategias de trading altamente apalancadas, como el scalping o day trading, con el objetivo de capitalizar rápidamente en pequeños movimientos de precios.

—En el mercado de opciones, podría buscar estrategias de compra de opciones out-of-the-money con vencimientos a corto plazo, con la esperanza de obtener ganancias significativas en poco tiempo, aunque con un riesgo considerable de pérdida total de la prima invertida.

Es importante tener en cuenta que la elección del perfil de riesgo adecuado depende de la tolerancia personal al riesgo, los objetivos financieros y el horizonte temporal de inversión de cada individuo.

Alineación de Objetivos y Tolerancia al Riesgo

Una vez que hayas definido tus objetivos financieros y evaluado tu tolerancia al riesgo, es crucial asegurarte de que ambos estén alineados. Tus objetivos financieros deben estar en consonancia con tu tolerancia al riesgo; de lo contrario, podrías enfrentarte a conflictos internos y tomar decisiones financieras impulsivas, lo que te puede conducir a grandes e irreparables pérdidas financieras.

Ejercicio Práctico: Dedica un tiempo a escribir tus objetivos financieros y a reflexionar sobre tu disposición para asumir riesgos, se trata de tu futuro. Considera cómo tus objetivos y tu tolerancia al riesgo pueden influir en tu estrategia de trading y en las decisiones que tomes en el mercado.

En resumen, comprender tus objetivos financieros y tu tolerancia al riesgo es fundamental para desarrollar un plan de trading efectivo. Este proceso te ayudará a establecer una base sólida sobre la cual construir tu estrategia de inversión y tomar decisiones financieras informadas y coherentes.

Capítulo 2

Análisis del Mercado y Selección de Instrumentos

El tema de Análisis de los mercados financieros debe ser tomado con mucha cautela, pues de tu análisis adecuado va a depender tu resultado.

Para analizar los mercados financieros y tomar decisiones rentables, es importante tener la actitud y el enfoque adecuados. Aquí hay algunas pautas y consideraciones clave que te recomendamos tomar muy en cuenta, a saber:

Mentalidad de inversor:

Adopta una mentalidad de inversor a largo plazo en lugar de buscar ganancias rápidas. El enfoque a largo plazo permite aprovechar las tendencias y los ciclos repetitivos del mercado.

Mantén una perspectiva realista y evita dejarte llevar por emociones como el miedo o la codicia. Toma decisiones basadas en análisis y datos "objetivos" en lugar de reacciones impulsivas.

Educación y conocimiento:

Dedica tiempo a aprender sobre los mercados financieros, los diferentes instrumentos de inversión y las estrategias utilizadas por los inversores exitosos.

Mantente actualizado sobre las noticias económicas y financieras que pueden afectar los mercados. Esto te ayudará a tomar decisiones informadas.

Análisis y planificación:

Efectúa un análisis exhaustivo de los activos financieros en los que estás interesado. Utiliza herramientas como el análisis técnico y el análisis fundamental para evaluar el rendimiento pasado y las perspectivas futuras.

Desarrolla un plan de inversión claro y establece metas realistas. Define tus estrategias de entrada y salida del mercado, así como los límites de pérdidas y ganancias.

Gestión del riesgo:

La gestión del riesgo es fundamental para tomar decisiones rentables. Establece límites de pérdidas y utiliza órdenes de stop-loss para proteger tus inversiones.

Diversifica tu cartera de inversiones para reducir el riesgo. No pongas todos tus huevos en una sola canasta.

Disciplina y paciencia:

Mantén la disciplina y sigue tu plan de inversión incluso cuando el mercado sea volátil o tus emociones te inciten a tomar decisiones impulsivas. Respeta tu plan al 100%.

Sé paciente y evita caer en la tentación de realizar operaciones constantemente. Espera las oportunidades adecuadas y evita el exceso de negociación o sobre operación.

Recuerda que el trading implica riesgos y no siempre se obtienen ganancias. Es importante tener una actitud realista y estar preparado para asumir pérdidas en ocasiones, pero estas pérdidas tienen que estar calculadas dentro de tu plan. La experiencia y la práctica también son fundamentales para mejorar tus habilidades de análisis y toma de decisiones en los mercados financieros.

Introducción al Análisis del Mercado:

Exploraremos aquí las diferentes facetas del análisis del mercado y cómo elegir los instrumentos adecuados para tu plan de trading. Entender el mercado y los instrumentos disponibles es crucial para tomar decisiones informadas y desarrollar un plan de trading efectivo.

Tipos de Instrumentos Financieros:

Acciones:

Las acciones representan la propiedad parcial de una empresa y son una forma de inversión en la que los inversores pueden participar en el crecimiento y los beneficios de una compañía. Al poseer acciones, los inversores pueden beneficiarse de dividendos (en el caso de empresas que los distribuyen) y de la apreciación del precio de las acciones en el mercado secundario.

Bonos:

Los bonos son instrumentos de deuda emitidos por gobiernos, municipios o empresas para financiar proyectos o cubrir gastos. Los inversores que compran bonos están prestando dinero al emisor a cambio de pagos periódicos de intereses y la devolución del principal al vencimiento del bono. Los bonos se consideran generalmente menos volátiles que las acciones y se utilizan a menudo como una forma de diversificar una cartera de inversiones.

Fondos de Inversión:

Los fondos de inversión son vehículos de inversión que permiten a los inversores combinar sus recursos con otros inversores para comprar una cartera diversificada de activos, como acciones, bonos u otros valores. Los fondos de inversión pueden ser gestionados activamente por gestores de fondos profesionales o seguir índices específicos, como el S&P 500. Estos fondos ofrecen diversificación y acceso a una amplia gama de activos con una inversión mínima.

ETFs (Exchange-Traded Funds):

Los ETFs son fondos de inversión que cotizan en bolsa y siguen o imitan el comportamiento de un índice específico, sector o cesta de activos. Los ETFs ofrecen liquidez intradiaria y se negocian como acciones en bolsas de valores, lo que permite a los inversores comprar y vender participaciones a lo largo del día. Los ETFs son populares debido a sus bajos costos, diversificación instantánea y transparencia en la estructura de cartera.

Materias Primas:

Las materias primas incluyen productos básicos como oro, petróleo, plata, maíz y otros productos agrícolas e industriales. Los inversores pueden acceder a las materias primas a través de contratos de futuros, ETFs respaldados por materias primas, acciones de empresas relacionadas con las materias primas o directamente mediante la compra física del producto. Las materias primas ofrecen una forma de diversificar una cartera y pueden actuar como cobertura contra la inflación y la volatilidad del mercado.

Divisas (Forex):

El mercado de divisas es el mercado global descentralizado para negociar todas las monedas del mundo. Los inversores pueden especular sobre las tasas de cambio de las divisas utilizando pares de divisas como EUR/USD, USD/JPY, GBP/USD, etc. El mercado de divisas es el mercado financiero más líquido del mundo y ofrece oportunidades de trading las 24 horas del día, cinco días a la semana.

Futuros:

Los contratos de futuros son instrumentos financieros que obligan a las partes involucradas a comprar o vender un activo subyacente en una fecha futura específica, a un precio acordado previamente. Estos contratos se negocian en mercados organizados, como las bolsas de futuros, y son utilizados por inversores y operadores para cubrir riesgos o especular sobre movimientos de precios en una variedad de activos financieros y commodities.

Comprender los diferentes tipos de instrumentos financieros es fundamental para construir una cartera de inversiones diversificada y equilibrada. Cada tipo de instrumento tiene sus propias características, riesgos y potencial de retorno, por lo que es importante evaluar cuidadosamente las opciones de inversión en función de tus objetivos financieros, tolerancia al riesgo y horizonte temporal.

Métodos de Análisis del Mercado:

—Análisis Técnico: En el análisis técnico tomamos en cuenta los básicos de este tipo de análisis, incluyendo el uso de gráficos y diferentes indicadores técnicos para identificar tendencias y puntos de entrada/salida.

—Análisis Fundamental: Aquí exploramos cómo evaluar los fundamentos económicos y financieros de un instrumento, como ingresos, ganancias, y factores macroeconómicos que pueden influir en los precios del mercado.

—Análisis Sentimental: Qué importante es conocer cómo el sentimiento del mercado puede influir en los precios de los instrumentos financieros y cómo los traders pueden utilizar este tipo de análisis en su enfoque de trading.

Selección de Instrumentos:

—Aquí te invitamos a conocer cómo seleccionar los instrumentos financieros más adecuados según tu estrategia de trading, objetivos financieros y tolerancia al riesgo.

—Te proporcionamos ejemplos y casos prácticos para ilustrar cómo los traders pueden seleccionar los instrumentos más apropiados para su plan de trading.

Para ilustrar cómo los traders pueden seleccionar los instrumentos financieros más apropiados para su plan de trading, veamos algunos ejemplos y casos prácticos:

Ejemplo 1: Traders Diarios (Day Traders)

Los traders diarios buscan aprovechar las fluctuaciones de precios a corto plazo y generalmente cierran todas sus posiciones antes del cierre del mercado. Para seleccionar los instrumentos adecuados, consideran la volatilidad, liquidez y horarios de negociación. Por ejemplo:

—**Instrumentos adecuados:** Acciones de alta liquidez, ETFs, índices bursátiles y pares de divisas con spreads ajustados.

—**Horarios de Negociación:** Se enfocan en las horas de mayor actividad del mercado, como la apertura y cierre del mercado de valores.

Ejemplo 2: Inversores a Largo Plazo (Swing Traders)

Los inversores a largo plazo buscan crear carteras sólidas y estables con un horizonte temporal a largo plazo. Para seleccionar los instrumentos adecuados, consideran la calidad de los activos y su potencial de crecimiento a largo plazo. Por ejemplo:

—**Instrumentos adecuados:** Acciones de empresas bien establecidas con fundamentos sólidos, bonos gubernamentales de bajo riesgo, fondos indexados y ETFs de sectores emergentes.

—**Análisis Fundamental:** Efectúan un análisis exhaustivo de los fundamentos financieros y la perspectiva a largo plazo de las empresas.

Ejemplo 3: Operadores de Forex (Forex Traders)

Los operadores de Forex se enfocan en los pares de divisas y buscan beneficiarse de las fluctuaciones en los tipos de cambio. Para seleccionar los pares de divisas adecuados, consideran la volatilidad, correlaciones y eventos económicos globales. Por ejemplo:

—**Pares de divisas adecuados:** EUR/USD, GBP/USD, USD/JPY, USD/CAD, que son conocidos por su liquidez y volatilidad.

—**Calendario Económico:** Están atentos a los eventos económicos y anuncios importantes que puedan afectar los tipos de cambio.

Ejemplo 4: Operadores de Futuros de Materias Primas o índices

Los operadores de futuros de materias primas o índices financieros, buscan beneficiarse de los movimientos de precios del mercado. Para seleccionar los futuros adecuados, consideran la oferta y demanda, los fundamentos del mercado y los ciclos estacionales. Por ejemplo:

—**Futuros adecuados:** Contratos de futuros de petróleo crudo, oro, plata, maíz, trigo, o los índices financieros como el Nasdaq y el SP500, que tienen una liquidez adecuada y volatilidad interesante.

—**Factores Fundamentales:** Siguen de cerca los informes de inventarios, condiciones climáticas, eventos geopolíticos y demanda global de materias primas.

En resumen, los traders seleccionan los instrumentos más adecuados para su plan de trading teniendo en cuenta su estilo de trading, horizonte temporal, tolerancia al riesgo y objetivos financieros. Es importante llevar a cabo un análisis exhaustivo de cada instrumento y entender cómo se ven afectados por diferentes factores del mercado antes de realizar operaciones.

Herramientas y Recursos Útiles:

—Compartimos algunas herramientas y recursos útiles que puedes utilizar para hacer análisis de mercado y seleccionar instrumentos, como plataformas de trading, servicios de análisis, y fuentes de información confiables.

Aquí tienes algunas herramientas y recursos útiles que los traders pueden utilizar para efectuar análisis de mercado y seleccionar instrumentos:

Por ejemplo, la elección de las mejores plataformas de trading puede depender de varios factores, como las necesidades específicas del trader, el tipo de activos que desea operar y las características que valora en una plataforma. Sin embargo, aquí te presento cinco plataformas populares y bien consideradas en el mundo del trading:

1. **MetaTrader 4 (MT4):** Es una de las plataformas de trading más utilizadas en el mundo, conocida por su facilidad de uso, amplia gama de herramientas de análisis técnico, capacidad para operar múltiples activos financieros y soporte para trading automatizado a través de Expert Advisors (EAs).

2. MetaTrader 5 (MT5): Es la versión más reciente de la plataforma MetaTrader, que ofrece características adicionales en comparación con MT4, como más tipos de órdenes, más marcos de tiempo, la capacidad de operar acciones y futuros, y una arquitectura de red mejorada para trading de alta frecuencia.

3. cTrader: Esta plataforma es conocida por su interfaz intuitiva, ejecución rápida de órdenes, herramientas de análisis avanzadas y una amplia selección de indicadores técnicos. cTrader también es popular entre los traders algorítmicos debido a su API abierta y soporte para trading automatizado.

4. NinjaTrader: Es una plataforma de trading avanzada que ofrece funciones de análisis técnico sofisticadas, herramientas de visualización de mercado, capacidades de backtesting y optimización, así como la posibilidad de desarrollar y utilizar estrategias de trading automatizado a través del lenguaje de programación NinjaScript.

5. **Thinkorswim:** Desarrollada por TD Ameritrade, Thinkorswim es una plataforma de trading de gran alcance que ofrece análisis técnico avanzado, herramientas de investigación, educación para traders, trading de opciones complejas y una comunidad activa de traders que comparten ideas y estrategias.

Es importante investigar y probar varias plataformas para determinar cuál se adapta mejor a tus necesidades y estilo de trading. Además, considera aspectos como la confiabilidad del proveedor, la seguridad de la plataforma y el servicio al cliente al tomar tu decisión.

Brokers: Los Brokers son intermediarios entre los traders y los mercados financieros. Elegir un buen bróker puede mejorar sustancialmente tu operativa, ya que ofrecen herramientas de análisis técnico, opciones para operar en diferentes mercados y cuentas demo para practicar sin dinero real.

Herramientas del análisis técnico: El análisis técnico es determinante en el trading, ya que permite estudiar las gráficas y los movimientos de los precios de los activos en el mercado. Algunas herramientas útiles incluyen indicadores de volumen, volatilidad, tendencias y estrategias de gestión del riesgo.

Los indicadores más utilizados en el trading varían según el estilo y la estrategia de cada trader. Algunos indicadores pueden ser más efectivos en ciertas condiciones de mercado que en otras. Aquí tienes una lista de algunos de los indicadores más populares y ampliamente utilizados, junto con una breve descripción de su función:

1. Medias Móviles (MA): Las medias móviles son indicadores de tendencia que muestran el promedio de los precios durante un período específico. Las medias móviles pueden ayudar a identificar la dirección de la tendencia y los puntos de entrada y salida potenciales.

2. MACD (Moving Average Convergence Divergence): El MACD es un indicador de impulso que muestra la diferencia entre dos medias móviles exponenciales. Se utiliza comúnmente para identificar cambios en la dirección de la tendencia, así como para generar señales de compra y venta.

3. RSI (Relative Strength Index): El RSI es un indicador de momentum que mide la velocidad y el cambio de los movimientos de los precios. Se utiliza para identificar condiciones de sobre compra y sobreventa en el mercado, lo que puede indicar posibles puntos de reversión de la tendencia.

4. Bandas de Bollinger: Las Bandas de Bollinger son un indicador de volatilidad que consiste en una banda central (media móvil) y dos bandas exteriores que representan la desviación estándar de los precios. Se utilizan para identificar niveles de sobre compra y sobreventa, así como para medir la volatilidad del mercado.

5. Fibonacci Retracements: Los niveles de retroceso de Fibonacci son herramientas de análisis técnico que se utilizan para identificar posibles niveles de soporte y resistencia en un gráfico de precios. Estos niveles se calculan utilizando los ratios de Fibonacci y pueden ayudar a los traders a identificar puntos de entrada y salida potenciales.

6. ADX (Average Directional Index): El ADX es un indicador de tendencia que se utiliza para medir la fuerza de la tendencia actual del mercado. Se utiliza para determinar si el mercado está en una tendencia o en un rango, lo que puede ayudar a los traders a tomar decisiones sobre la dirección de sus operaciones.

Es importante recordar que ningún indicador es infalible y que es recomendable utilizar una combinación de varios indicadores y herramientas de análisis técnico para tomar decisiones de trading informadas. Además, es crucial comprender cómo funcionan los indicadores y cómo se aplican en diferentes condiciones de mercado antes de utilizarlos en operaciones reales.

Calendario económico y noticias: Como trader es importante estar al tanto de los factores que influyen en los mercados. Utilizar un calendario económico te ayudará a conocer los eventos y datos relevantes para la economía, mientras que leer noticias te permitirá estar al tanto de los acontecimientos que pueden afectar el precio de los activos.

Backtesting: El backtesting es un método que permite evaluar el rendimiento de una estrategia de trading en el pasado. Utilizando datos históricos de precios, puedes simular la aplicación de tu estrategia y determinar si habría sido rentable en el pasado, lo que te ayuda a tomar decisiones más informadas para el futuro.

TradingView: TradingView es una plataforma que ofrece acceso a diversas herramientas de análisis técnico. Entre ellas se encuentra un screener detallado de índices bursátiles, lo que te permite encontrar oportunidades de compra y venta. Además, ofrece análisis técnico detallado de forma gratuita, convirtiéndola en una de las plataformas más completas disponibles.

Recuerda que estas herramientas y recursos son útiles para mejorar tu operativa, pero no garantizan resultados infalibles. Es importante combinarlas con tu conocimiento y experiencia en el trading para tomar decisiones informadas.

Conclusión del Capítulo:

—Resumimos los conceptos que consideramos clave que se han discutido en el capítulo y subrayamos la importancia de comprender el mercado y los instrumentos financieros antes de desarrollar un plan de trading efectivo.

—Te animamos a comenzar a explorar diferentes instrumentos y métodos de análisis para identificar aquellos que mejor se adapten a tus necesidades y objetivos de trading.

Este capítulo ofrece una visión completa del análisis del mercado y la selección de instrumentos, proporcionando las herramientas necesarias para tomar decisiones informadas en tus actividades de trading.

Capítulo 3

Desarrollo de Estrategias de Trading

Introducción al Desarrollo de Estrategias de Trading:

El éxito en el trading requiere la implementación de estrategias efectivas que aprovechen las oportunidades del mercado y gestionen adecuadamente el riesgo. En este capítulo, exploraremos cómo desarrollar y probar estrategias de trading que se alineen con tus objetivos financieros y tu tolerancia al riesgo.

Exploración de Enfoques de Trading:

—**Análisis Técnico:** Profundizamos en el análisis técnico y cómo utilizar herramientas como patrones gráficos, indicadores técnicos y análisis de volumen para identificar oportunidades de trading.

—**Análisis Fundamental:** Discutimos la importancia de comprender los fundamentos económicos y financieros detrás de los movimientos del mercado y cómo integrar este análisis en tus estrategias de trading.

—**Trading de sentimiento:** Exploramos cómo el sentimiento del mercado puede influir en los precios de los activos y cómo los traders pueden utilizar este enfoque para identificar oportunidades de trading contrarias o de seguimiento de tendencias.

El Proceso para desarrollar una estrategia bien estructurada:

—Vamos a definir los pasos clave para desarrollar una estrategia de trading efectiva, desde la identificación de una idea hasta la implementación y evaluación de la estrategia en condiciones reales de mercado.

Desarrollar una estrategia de trading efectiva implica varios pasos clave que pueden ayudarte a definir tus objetivos, identificar oportunidades y gestionar riesgos. Aquí hay una descripción de los pasos clave:

1. Establecer Objetivos Claros:

—Define tus objetivos financieros específicos, como ingresos mensuales, crecimiento del capital o independencia financiera.

—Considera tu tolerancia al riesgo y horizonte temporal para establecer metas realistas y alcanzables.

2. Analizar el Mercado y los Activos:

—Estudia los diferentes mercados financieros y activos disponibles, como acciones, divisas, materias primas, criptomonedas, índices, etc.

—Identifica las tendencias, patrones y ciclos del mercado utilizando análisis técnico y análisis fundamental.

3. Desarrollar una Estrategia de Trading:

—Define los criterios de entrada y salida de tus operaciones, así como las reglas de gestión del riesgo y del dinero.

—Elige un enfoque de trading que se adapte a tu estilo y personalidad, ya sea scalping, day trading, swing trading.

4. Probar y Optimizar la Estrategia:

—Utiliza cuentas de práctica o simuladores de trading para probar tu estrategia en condiciones de mercado reales, pero sin arriesgar mucho capital.

—Lleva a cabo ajustes según los resultados obtenidos y optimiza tu estrategia para mejorar su eficacia y consistencia.

5. Implementar un Plan de Gestión del Riesgo:

—Establece límites de pérdida y niveles de stop-loss para proteger tu capital contra movimientos adversos del mercado.

—Diversifica tu cartera de inversiones y evita invertir en un solo activo o posición para reducir el riesgo.

6. Mantener un Registro y Evaluar el Desempeño:

—Lleva un registro detallado de todas tus operaciones, incluidos los resultados, emociones y lecciones aprendidas.

—Evalúa periódicamente tu desempeño para identificar áreas de mejora y ajustar tu estrategia según sea necesario.

7. Permanecer Disciplinado y Adherirse al Plan al 100%:

—Mantén la disciplina emocional y psicológica durante tus operaciones, evitando las decisiones impulsivas o basadas en la emoción.

—Mantén la consistencia y sigue fielmente tu plan de trading, incluso en momentos de incertidumbre o volatilidad del mercado.

Desarrollar una estrategia de trading efectiva lleva tiempo, paciencia y dedicación, pero puede ser una herramienta poderosa para alcanzar tus objetivos financieros a largo plazo. Recuerda que el trading conlleva riesgos, por lo que es importante educarse y practicar la gestión del riesgo en todo momento.

Conclusión del Capítulo:

—Recapitulamos los conceptos clave discutidos en el capítulo y subrayamos la importancia de desarrollar estrategias de trading sólidas y bien probadas.

—Alentamos a los lectores a comenzar a experimentar con diferentes enfoques de trading y a mantenerse enfocados en el desarrollo continuo de sus habilidades y estrategias.

Capítulo 4

Gestión del Riesgo y Control Emocional

Introducción a la Gestión del Riesgo:

La gestión del riesgo es una parte fundamental de cualquier plan de trading efectivo. En este capítulo, exploraremos cómo los traders pueden gestionar de manera efectiva los riesgos asociados con sus operaciones y mantener un control emocional durante la volatilidad del mercado.

Conceptos Básicos de Gestión del Riesgo:

—Definimos qué es la gestión del riesgo y por qué es crucial para la longevidad y el éxito en el trading.

—Discutimos la importancia de establecer límites de pérdida y el tamaño de las posiciones para proteger el capital de trading.

Estrategias de Gestión del Riesgo:

—Exploramos diferentes estrategias de gestión del riesgo, como el uso de stop-loss, take-profit, y órdenes de trailing stop para limitar las pérdidas y asegurar ganancias.

La gestión del riesgo es una parte crucial del éxito en el trading, y existen varias estrategias y herramientas para limitar las pérdidas y asegurar ganancias. Aquí hay algunas de ellas:

Principales estrategias de Gestión del Riesgo:

1. Stop-Loss:

—El stop-loss es una orden que se coloca para cerrar una posición automáticamente cuando el precio del activo alcanza un nivel predeterminado.

—Ayuda a limitar las pérdidas al salir de una operación si el precio se mueve en contra de la posición.

—Es importante establecer niveles de stop-loss de manera inteligente, considerando la volatilidad del mercado y el análisis técnico y fundamental.

2. Take-Profit:

—El take-profit es una orden que se coloca para cerrar una posición automáticamente cuando el precio del activo alcanza un nivel predeterminado de ganancias.

—Permite asegurar las ganancias al salir de una operación una vez que se ha alcanzado un objetivo de beneficio específico.

—Al igual que con el stop-loss, es crucial establecer niveles de take-profit basados en análisis sólidos y objetivos realistas.

3. Órdenes de Trailing Stop:

—El trailing stop es una variación del stop-loss que se ajusta dinámicamente a medida que el precio del activo se mueve a favor de la posición.

—Permite proteger las ganancias al tiempo que permite que los beneficios se sigan acumulando mientras el precio continúa moviéndose en la dirección deseada.

—El trailing stop se mueve automáticamente siguiendo el precio del activo, pero sólo en la dirección de la operación.

4. Posicionamiento del Tamaño de la Operación:

—Consiste en determinar el tamaño de la posición en relación con el tamaño de la cuenta y el nivel de riesgo que se está dispuesto a asumir.

—Limitar el tamaño de la operación ayuda a controlar las pérdidas potenciales y a mantener la consistencia en la gestión del riesgo.

—Muchos traders utilizan la regla del 1% o 2 % de riesgo por operación, lo que significa que no arriesgan más del 1 % o 2 % de su cuenta en una sola operación.

Estas estrategias de gestión del riesgo son fundamentales para proteger el capital y maximizar las ganancias a largo plazo. Es importante entender cómo y cuándo aplicar cada una de estas herramientas en función de las condiciones del mercado y los objetivos de trading individuales. Además, la disciplina y la consistencia en la aplicación de estas estrategias son clave para el éxito a largo plazo en el trading.

Psicología del Trading y Control Emocional:

—Analizamos cómo las emociones pueden influir en las decisiones de trading y cómo los traders pueden mantener un control emocional durante los períodos de volatilidad.

—Aquí te proporcionamos algunos consejos prácticos para manejar el miedo, la codicia y la impaciencia, que se consideran los principales enemigos para una buena gestión en el trading y cómo mantener una mentalidad disciplinada y enfocada en el proceso.

Manejarlos es fundamental para una buena gestión y para mantener una mentalidad disciplinada y enfocada en el proceso. Aquí tienes algunos consejos prácticos para abordar estos desafíos:

1. Conoce MUY BIEN tu tolerancia al riesgo: Antes de empezar a operar, es importante conocer tu tolerancia al riesgo. Esto te ayudará a establecer límites claros con relación a cuánto estás dispuesto a arriesgar en cada operación y a mantener el control emocional cuando el mercado fluctúe.

2. Define un plan de trading detallado: Desarrolla un plan de trading sólido que incluya tu estrategia de entrada y salida, tus criterios de gestión de riesgos y tus objetivos de beneficios.

Seguir un plan predefinido puede ayudarte a mantenerte enfocado en el proceso y a evitar tomar decisiones impulsivas basadas en el miedo o la codicia.

3. Practica la gestión del tamaño de la posición: Ajusta el tamaño de tus posiciones de acuerdo con tu tolerancia al riesgo y las condiciones del mercado. Evita arriesgar demasiado en una sola operación, ya que esto puede aumentar el miedo a perder y la codicia por recuperar pérdidas rápidamente.

4. Aprende a aceptar las pérdidas: Las pérdidas son parte del trading y es importante aceptarlas como parte del proceso. Mantén una mentalidad de aprendizaje y reflexiona sobre tus operaciones para identificar lecciones que puedas aplicar en el futuro. No dejes que el miedo a perder te paralice ni te impulse a tomar decisiones irracionales.

5. Controla tus emociones: Practica técnicas de control emocional, como la respiración profunda, la visualización positiva o la meditación, para mantener la calma y la claridad mental mientras operas. Reconoce tus emociones y trata de entender de dónde provienen, pero no permitas que dominen tus decisiones a la hora de estar frente a tu tablero de trading.

6. Fija objetivos realistas: Establece metas alcanzables y realistas en lugar de buscar ganancias excesivas en poco tiempo. Mantén una perspectiva a largo plazo y sé paciente en tu proceso de trading. La impaciencia puede llevar a tomar decisiones precipitadas que no están alineadas con tu estrategia.

7. Evalúa y ajusta constantemente: Revisa regularmente tu desempeño y tu plan de trading para identificar áreas de mejora. Ajusta tu enfoque según sea necesario, pero mantén la disciplina en seguir tu plan predefinido.

Recuerda que el trading exitoso requiere práctica, paciencia y un enfoque disciplinado. No esperes resultados inmediatos y mantén un compromiso constante con tu desarrollo como trader.

Planificación para Escenarios Adversos:

—Aquí exploramos cómo los traders pueden prepararse para escenarios adversos y situaciones inesperadas en el mercado.

Además de la importancia de tener un plan de contingencia y cómo ajustar la estrategia de trading según las condiciones del mercado.

Evaluación y Ajuste Continuo:

—Destacamos insistentemente la importancia de evaluar regularmente la efectividad de las estrategias de gestión del riesgo y ajustarlas según sea necesario.

—Animamos a los lectores a aprender de sus errores y experiencias pasadas y a utilizarlas para mejorar su enfoque de gestión del riesgo en el futuro.

Conclusión del Capítulo:

—Recapitulamos los puntos clave discutidos en el capítulo, enfatizando la importancia de la gestión del riesgo y el control emocional en el trading.

—Recordamos a los lectores que la gestión del riesgo es un proceso continuo que requiere disciplina y paciencia, pero que es fundamental para el éxito a largo plazo en el trading.

En este capítulo hemos proporcionado a los lectores una comprensión profunda de la gestión del riesgo y el control emocional, y les ofrecimos las herramientas y técnicas necesarias para gestionar eficazmente los riesgos y mantener la calma y la disciplina durante los períodos de volatilidad del mercado.

Capítulo 5

Creación del Plan de Trading

Introducción a la Creación del Plan de Trading:

El plan de trading es la columna vertebral de la actividad de trading. En este capítulo, exploraremos cómo construir un plan de trading efectivo que se adapte a tus objetivos, estilo de trading y tolerancia al riesgo.

Definición de Objetivos y Estrategias:

—Es determinante y de vital importancia tener objetivos claros y específicos en el trading, tanto a corto como a largo plazo.

—Te ayudamos a identificar tus prioridades y determinar qué estrategias se alinean mejor con tus objetivos financieros y tolerancia al riesgo.

Elementos Clave del Plan de Trading:

1. **Descripción del Sistema de Trading:** En el plan destacamos el enfoque de trading que como trader utilizarás, incluyendo los marcos temporales, los indicadores técnicos, y las reglas de entrada y salida, todo esto con un alto nivel de detalle.

2. **Gestión del Riesgo:** Detallamos las técnicas que emplearás para proteger tu capital, incluyendo el tamaño de la posición, los niveles de stop-loss y take-profit, y las reglas de gestión del capital, en cuanto a qué porcentaje de tu cuenta estás dispuesto a perder.

3. **Criterios de Entrada y Salida:** Establecemos los criterios específicos que utilizarás para entrar y salir de las operaciones, basados en el análisis técnico, fundamental y/o sentimental.

4. **Planificación de la Operativa:** Establece rutinas y horarios para la operativa, incluyendo el seguimiento del mercado, la revisión de posiciones abiertas, y la evaluación del desempeño, además de que técnica utilizarás para determinar si tu posición

va bien encaminada o no y qué harás en caso de que determines que no va bien.

Personalización del Plan de Trading:

—Mostramos y recapitulamos, por la importancia que tiene, cómo puedes personalizar tu plan de trading según tus preferencias individuales, habilidades y circunstancias personales. Ofrecimos ejemplos y casos prácticos para ilustrar cómo los diferentes estilos de trading pueden influir en la estructura y contenido del plan de trading.

Importancia de la Disciplina y la Consistencia:

La disciplina y la consistencia son fundamentales en el trading por varias razones:

La disciplina y la consistencia son dos aspectos fundamentales en el trading y en cualquier actividad que implique la toma de decisiones financieras. Aquí te muestro la importancia de cada una:

1. Disciplina:

—**Control emocional:** La disciplina en el trading implica tener un control emocional sólido. Esto significa ser capaz de mantener la calma en situaciones de alta presión, como cuando se enfrenta a pérdidas o ganancias inesperadas. La falta de disciplina puede llevar a tomar decisiones impulsivas basadas en el miedo o la codicia, lo que puede dar como resultado pérdidas significativas.

— **Seguir tu plan de trading:** La disciplina implica seguir tu plan de trading predefinido de manera consistente. Esto incluye establecer reglas claras para entrar y salir del mercado, gestionar el riesgo de manera adecuada y mantenerse fiel a la estrategia incluso cuando el mercado se vuelva volátil o impredecible.

—**Evitar el exceso de operaciones:** Un trader disciplinado sabe cuándo entrar y salir del mercado y evita operar en exceso. Esto significa no caer en la tentación de realizar operaciones impulsivas o emocionales que no estén respaldadas por un análisis sólido. La disciplina implica esperar pacientemente las oportunidades adecuadas en lugar de forzar operaciones innecesarias.

2. Consistencia:

—**Resultados predecibles:** Ser consistente en tu enfoque de trading te permite obtener resultados más predecibles a largo plazo. Esto significa aplicar tu estrategia de manera coherente en diferentes condiciones de mercado y evitar los altibajos emocionales que pueden llevar a decisiones irracionales.

—**Establecer confianza:** La consistencia en tus operaciones genera confianza en tu capacidad como trader. Los resultados consistentes a lo largo del tiempo demuestran que estás siguiendo un enfoque sólido y confiable, lo que puede aumentar tu credibilidad tanto contigo mismo como ante otros inversores o potenciales inversores.

—**Mejora continua:** La consistencia te permite evaluar tu desempeño de manera efectiva y llevar a cabo ajustes según sea necesario. Al mantener un registro de tus operaciones y resultados, puedes identificar patrones y áreas de mejora, lo que te permite evolucionar y adaptarte como trader con el tiempo.

En resumen, la disciplina y la consistencia son pilares fundamentales para el éxito en el trading. Mantener un enfoque disciplinado te ayuda a controlar tus emociones y seguir tu plan de trading, mientras que la consistencia en tu enfoque te permite obtener resultados predecibles a lo largo del tiempo y mejorar continuamente como trader.

Evaluación y Ajuste del Plan de Trading:

Evaluar periódicamente la efectividad de un plan de trading es crucial para el éxito a largo plazo. Aquí hay pasos que los traders pueden seguir para llevar a cabo una evaluación efectiva y efectuar ajustes según sea necesario:

1. Registro Detallado de Operaciones (Disponer de una bitácora):

—Mantén un registro detallado de todas las operaciones, incluyendo entradas y salidas, tamaño de la posición, resultados y condiciones del mercado.

—Registra tus emociones y pensamientos durante cada operación para evaluar cómo influyen en tus decisiones.

2. Revisión de Estadísticas de Desempeño:

—Analiza estadísticas clave, como la tasa de éxito, la relación riesgo/recompensa, el rendimiento general y las pérdidas máximas consecutivas.

—Evalúa la rentabilidad de las operaciones ganadoras y la capacidad de limitar las pérdidas en las operaciones perdedoras.

3. Identificación de Patrones y Tendencias:

—Busca patrones y tendencias en tu historial de trading. ¿Hay situaciones o condiciones de mercado específicas que conduzcan a mejores o peores resultados?

—Identifica comportamientos repetitivos o errores comunes que puedan necesitar corrección.

4. Análisis de Factores Externos:

—Examina factores externos que podrían haber afectado tu desempeño, como noticias económicas, eventos del mercado o cambios en las condiciones macroeconómicas.

—Considera cómo eventos inesperados pueden haber influido en tus resultados y ajusta tu enfoque en consecuencia.

5. Comparación con Objetivos y Expectativas:

—Compara tus resultados con los objetivos y expectativas iniciales establecidos al desarrollar el plan de trading.

—Reflexiona sobre si tus objetivos eran realistas y ajusta en consecuencia si es necesario.

6. Feedback Externo:

—Busca la opinión de otros traders o profesionales del trading, ya sea a través de comunidades en línea, foros especializados o mentores.

—Aprovecha la retroalimentación constructiva para ganar perspectiva externa sobre tu enfoque.

7. Ajustes Graduales:

—Efectúa ajustes graduales en lugar de cambios drásticos. Modifica una variable a la vez para evaluar el impacto.

—Establece nuevos límites o reglas basándote en las lecciones aprendidas de las operaciones anteriores.

8. Reevaluación del Entorno del Mercado:

—Considera si las condiciones del mercado han cambiado desde la implementación del plan de trading.

—Ajusta tu estrategia si identificas cambios significativos en la volatilidad, tendencias o condiciones económicas.

9. Aprendizaje Continuo:

—Mantente actualizado con las tendencias y desarrollos en el trading. La adaptabilidad es clave para el éxito a largo plazo.

—Aprende de tus errores y éxitos, y utiliza esas lecciones para ajustar y mejorar tu enfoque continuamente.

Evaluar periódicamente y ajustar el plan de trading es un proceso continuo. La adaptabilidad y la disposición para aprender y mejorar son fundamentales para mantenerse en sintonía con los cambios en los mercados financieros y optimizar la efectividad de tu estrategia a lo largo del tiempo.

Conclusión del Capítulo:

—Resumimos los puntos clave discutidos en el capítulo y recordamos a los traders la importancia de tener un plan de trading claro y bien definido.

—Animamos a los lectores a comenzar a trabajar en la creación de su propio plan de trading y a comprometerse con su aplicación disciplinada y consistente en la operativa diaria.

Este capítulo ofrece una guía detallada para crear un plan de trading efectivo que se adapte a las necesidades y objetivos individuales de cada trader, proporcionando las herramientas y el conocimiento necesarios para tener éxito en los mercados financieros.

Capítulo 6

Implementación y el paso a paso recapitulando y poniendo en práctica. Aquí se acaba la teoría. ¡Vamos!

El proceso de implementación y seguimiento del plan de trading es crucial para asegurar que los traders sigan sus estrategias de manera disciplinada y consistente. Aquí hay un proceso básico que te invito a seguir:

1. Implementación del Plan de Trading:

Aquí te proporciono un ejemplo simplificado de un plan de trading que utiliza dos medias móviles y el oscilador estocástico como indicadores principales. Recuerda que este plan es solo un ejemplo y debe adaptarse y personalizarse según tus propias preferencias, estilo de trading y condiciones del mercado:

1. Objetivos de Trading:

—Objetivo principal: Obtener un rendimiento consistente y superar el índice de referencia.

—Objetivo a largo plazo: Crecimiento sostenido de la cuenta con una gestión adecuada del riesgo.

2. Estrategia de Trading:

—Estrategia de tendencia:

—Utilizar dos medias móviles: una de corto plazo (por ejemplo, 20 periodos) y otra de largo plazo (por ejemplo, 50 periodos).

—Se considerará una señal alcista cuando la media móvil de corto plazo cruce por encima de la media móvil de largo plazo, y una señal bajista cuando la media móvil de corto plazo cruce por debajo de la media móvil de largo plazo.

—Confirmación con el oscilador estocástico:

—Utilizar el oscilador estocástico con configuración estándar (por ejemplo, 14,3,3).

—Buscar señales de sobre compra (lecturas por encima de 80) y sobreventa (lecturas por debajo de 20) para confirmar las señales de compra y venta generadas por las medias móviles.

3. Gestión de Riesgos:

—Limitar el riesgo a un máximo del 2 % del capital de la cuenta en cada operación.

—Establecer órdenes de stop-loss basadas en niveles de soporte/resistencia o en la volatilidad del activo.

—Utilizar una relación riesgo/recompensa de al menos 1:2 para asegurar que las operaciones ganadoras compensen las operaciones perdedoras.

4. Gestión del Dinero:

—Calcular el tamaño de la posición en función del riesgo por operación y la distancia al stop-loss.

—Ajustar el tamaño de la posición para mantener una exposición total al mercado que no supere el 5-10% del capital de la cuenta.

5. Registro y Evaluación:

—Mantener un diario de trading detallado para registrar todas las operaciones, incluyendo las razones para entrar y salir del mercado, así como los resultados obtenidos.

—Efectuar análisis periódicos del desempeño para identificar patrones y áreas de mejora en la estrategia de trading.

—Ajustar el plan de trading según sea necesario en función de la retroalimentación y los resultados obtenidos.

Recuerda que este es solo un ejemplo de un plan de trading y que debes adaptarlo según tus propias necesidades, preferencias y experiencia en el trading. Es importante seguir disciplinadamente tu plan y mantener la consistencia en tu enfoque de trading para lograr resultados consistentes a largo plazo.

Conclusiones y Próximos Pasos:

—Resumimos los puntos clave discutidos en el capítulo, destacando la importancia de la implementación y el seguimiento continuo del plan de trading.

—Te animamos a comprometerte con un enfoque disciplinado y constante en tu práctica de trading, recordándote que el éxito en el trading es un viaje continuo de aprendizaje y crecimiento.

En el capítulo de recursos adicionales, te estamos proporcionando una lista de recursos, sitios web y herramientas que pueden ayudarte a profundizar en el tema del trading y la inversión. Aquí hay algunas sugerencias de recursos útiles que podrías incluir:

Recursos Adicionales:

1. Foros de Trading y Comunidades en Línea:

— **Reddit:** r/Trading, r/StockMarket, r/Forex, etc.

— Foros de trading en sitios web especializados.

2. Blogs y Sitios Web de Finanzas y Trading:

—**Investopedia:** Ofrece una amplia gama de artículos, tutoriales y guías sobre trading y finanzas.

—**Bloomberg:** Proporciona noticias financieras, análisis de mercado y herramientas de trading.

—**TradingView:** Plataforma que ofrece gráficos avanzados, análisis técnico y colaboración en línea con otros traders.

3. Cursos en Línea y Webinars:

—**Coursera:** Ofrece cursos sobre trading, análisis técnico, finanzas personales y más.

—**Udemy:** Plataforma que cuenta con una amplia variedad de cursos de trading e inversión.

—Webinars y seminarios en línea ofrecidos por Brokers y expertos en trading.

4. Libros Recomendados:

—"Technical Analysis of the Financial Markets" de John J. Murphy.

—"Trading for a Living" de Dr. Alexander Elder.

—"Market Wizards" de Jack D. Schwager.

5. Herramientas de Análisis y Gráficos:

—MetaTrader 4/5: Plataforma popular para el análisis técnico y la ejecución de operaciones.

—**StockCharts.com:** Herramienta en línea que ofrece gráficos avanzados y herramientas de análisis técnico.

—**TradingSim:** Plataforma de simulación de trading que permite practicar estrategias sin riesgo.

6. Podcasts y Canales de YouTube:

—Chat with Traders: Podcast que entrevista a traders exitosos y expertos en la industria.

—The Investors Podcast: Podcast que cubre una variedad de temas financieros y de inversión.

—Canales de YouTube como "UKspreadbetting" y "TheChartGuys" que ofrecen análisis técnico y consejos de trading.

7. Fuentes de Noticias Financieras:

—**CNBC:** Ofrece noticias financieras en tiempo real, análisis de mercado y entrevistas con expertos.

—**Bloomberg TV:** Canal de televisión dedicado a noticias financieras y económicas.

—**Financial Times:** Periódico de negocios líder con cobertura global.

Al proporcionar esta lista de recursos, tendrás acceso a una amplia gama de materiales educativos, herramientas de análisis y fuentes de información que pueden ayudarte a profundizar en tus conocimientos sobre trading e inversión. Es importante alentarte a explorar diferentes recursos y encontrar aquellos que se adapten mejor a tus necesidades y estilos de trading.

Aquí tienes una lista de algunos libros recomendados sobre trading e inversión en español:

1. **"El Inversor Inteligente" de Benjamín Graham:** Considerado un clásico en el mundo de la inversión, este libro ofrece principios sólidos para la inversión a largo plazo.

2. **"Análisis Técnico de los Mercados Financieros" de John J. Murphy:** Un libro completo

que cubre los fundamentos del análisis técnico y su aplicación en los mercados financieros.

3. "Bolsa para Dummies" de Francisca Serrano: Una introducción clara y práctica al mundo de la bolsa y el trading, ideal para principiantes.

4. "Vivir del Trading" de Alexander Elder: Este libro ofrece una visión profunda sobre la psicología del trading y estrategias prácticas para mejorar el rendimiento en los mercados financieros.

5. "Los secretos para invertir con éxito en la Bolsa de Nueva York" de Gabriel Grammatidis: Un libro que ofrece consejos prácticos y estrategias para invertir en la bolsa de valores de Nueva York.

6. "El pequeño libro que aún vence al mercado" de Joel Greenblatt: Este libro explora la estrategia de inversión conocida como "Magic Formula" y cómo puede ayudar a los inversores a superar al mercado.

7. "La Bolsa Evidente: Cómo Ganar Dinero en Bolsa" de Álvaro Guzmán de Lázaro: Una guía práctica que ofrece consejos y estrategias para invertir en la bolsa de valores de manera efectiva.

8. "Inversión y Gestión del Capital: Las reglas del juego", de Jesús Pérez Serna: Un libro que aborda temas como la gestión del riesgo, la diversificación y la construcción de carteras de inversión.

9. "Cómo invertir en Bolsa a Largo plazo Partiendo de Cero" de Gregorio Hernández Jiménez: Una guía paso a paso para principiantes que desean aprender a invertir en bolsa a largo plazo.

10. "Psicología del Trading: Las Herramientas que Utilizan los Traders Más Exitosos del Mundo" de Steve Ward: Este libro explora cómo la psicología influye en las decisiones de trading y cómo los traders pueden mejorar su disciplina y control emocional.

Estos libros proporcionan una base sólida para comprender los principios del trading e inversión, así como estrategias prácticas para aplicar en los mercados financieros.

¡Bienvenido al emocionante mundo de la inversión y el trading!

¿Estás listo para dar el paso hacia el éxito financiero? Permíteme en este momento, si has estado luchando sin conseguir resultados consistentes, presentarte la oportunidad que puede transformar tu enfoque hacia los mercados financieros: Encuentra un mentor que haga click contigo. Este camino es difícil transitarlo sin la presencia de un buen mentor.

Imagina tener acceso directo a conocimientos y experiencia de profesionales del trading que te guiarán paso a paso en tu viaje hacia el éxito.

Me atrevo a hablarte de mentoría, porque no sólo te brindará las habilidades técnicas necesarias, sino también la mentalidad y disciplina imprescindibles para triunfar en los mercados, es decir, transformar la teoría en práctica pura, a través de un Coach de trading que se adapte a tu personalidad y estilo.

Aquí hay algunas razones por las que una mentoría de trading puede ser una excelente inversión, mejor dicho, LA MEJOR INVERSIÓN.

1. **Aprendizaje Personalizado:** Tu mentor adaptará las lecciones a tus necesidades y nivel de experiencia, asegurándose de que obtengas el máximo valor de cada sesión.

2. **Acceso a Estrategias Comprobadas:** Aprenderás estrategias de trading probadas y eficaces que te ayudarán a identificar oportunidades lucrativas en los mercados financieros.

3. **Gestión del Riesgo y Psicología del Trading:** Aprenderás a gestionar el riesgo de manera efectiva y a desarrollar una mentalidad ganadora que te permitirá mantener la calma en cualquier situación del mercado.

4. **Comunidad de Apoyo:** Formarás parte de una comunidad de traders dedicados que comparten conocimientos, ideas y experiencias, creando un entorno de apoyo invaluable para tu crecimiento como trader.

No importa si eres un principiante o un trader experimentado, las mentorías están diseñadas para ayudarte a alcanzar tus objetivos financieros.

¿Estás listo para invertir en tu futuro financiero y convertirte en un trader exitoso?

"Concluimos este viaje con la esperanza de que hayas encontrado inspiración y conocimiento en sus páginas. ¡Que tus decisiones de trading estén siempre respaldadas por la sabiduría que has adquirido!"

"Gracias por confiar en nosotros como guía en tu camino hacia el éxito financiero. ¡Recuerda siempre mantener la disciplina y la determinación en tus operaciones, de ello depende tu éxito o fracaso en esta gran empresa que va a catapultar tu futuro financiero!"

Made in the USA
Monee, IL
05 November 2026

67811462R00057